Üben der Seele
Üben der Sinne

ZUSAMMENGESTELLT VON
MARIANNE PIPER

VERLAG URACHHAUS STUTTGART

»... Vertraue dem Keim,
den Christus selbst in dich gesäet hat.
Schreite ins Ungewisse getrost!
Der Keim,
er wird wachsen!«

Am Schlusse des Advent-Evangeliums (Lukas 21, 36) heißt es:

»So seid nun wachen Geistes allezeit in betenden Gedanken, daß ihr Kraft finden möget zu entrinnen alledem, das geschehen soll, und zu stehen vor des Menschen Sohn.«

Das Erwachen kann nicht vorsätzlich mit einem Male gewollt und vollzogen werden. Es muß durch Üben errungen werden.

Einfache Übungen helfen einem auf diesem Wege. Wenn ich z.B. täglich auf die Augenblicke achte, in denen ich schlafe, statt wach zu sein: Was wächst auf und an dem Weg, den ich am Tage mehrmals gehe? Wie war der Himmel bei Sonnenuntergang? Welche Antworten habe ich auf meine Fragen bekommen? Beim Lesen wirklich wach sein. Sich üben, Namen zu behalten . . .

»So stehet nun, umgürtet an den Hüften mit tragender Wahrheitsmacht, ziehet an den strahlenden Brustpanzer des Einklangs mit der Welt des Guten, beschuhet eure Füße, bereit, das Evangelium vom Frieden über die Erde zu tragen. In allem ergreifet den Schild der Herzverbundenheit, durch den ihr auslöschen könnt alle Geschosse des Widersachers, die in unreinem Feuer lodern.

Und empfanget den leuchtenden Helm des Heiles und das Schwert des Geistes, welches ist das Wortwalten Gottes.

Diese Rüstung bekleide euch in all eurem Bitten und Beten; euer Inneres möge zu jeder Zeit betend im Geistessein leuchten.

Auf diese Ziele soll eure wache Geisteskraft gerichtet sein in allen euren Seelenübungen und Gebeten.«

»... IN BETENDEN GEDANKEN ...« (LUKAS 21)

Wann sind unsere Gedanken betend, anbetend – so könnte man es auch nennen?

Alles Staunen hilft dazu.

Sehen wir uns eine Blume an, einen Stein, ein Menschenantlitz und lassen uns die beiden Worte »Vater unser« durch die Seele ziehen: wir finden des Staunens kein Ende.

> »Im Seelenaug' sich spiegelt
> der Welten Hoffnungslicht,
> Dem Geist ergeb'ne Weisheit
> im Menschenherzen spricht:
> Des Vaters ewige Liebe
> den Sohn der Erde sendet,
> der gnadenvoll dem Menschenpfade
> die Himmelshelle spendet.«

»... UND ZU STEHEN VOR DES MENSCHEN SOHN«
(LUKAS 21)

Was würde ein Wesen, das höher, reiner, weiser, liebevoller, als ich es bin, zu meinem alltäglichen Tun sagen? Was sagt mir mein Gewissen?

Übt man sich, so zu leben, daß jenes höhere Wesen zuschauen kann, dann achtet man auf Worte, Gefühle und Gedanken und bringt sie jedesmal wieder auf den Ort vor Gott, wenn man sie aus der Gewalt verlor.

Wenn man einen verehrten Menschen besuchen will, bringt man sich ja auch in die entsprechende Verfassung. Und wir gehen auf Weihnachten zu! (Man sollte auch – zumindest in diesen Wochen – abends das Fernsehen sein lassen, falls man es überhaupt tut.)

Und immer weiter den Wahrspruch in sich leben lassen:

»Im Seelenaug' sich spiegelt ...«

Wir sollten angesichts aller Katastrophen, welche die Welt durchziehen, uns mit Klagen und Urteilen zurückhalten und jeden Abend Lukas 21 lesen und das Wahrspruchwort bedenken, das ja seine Gültigkeit auch für die Gegenwart und fernere Zeiten hat:

»Im Seelenaug' sich spiegelt ...«,

und zu verstehen suchen:

»Vergiß nie, daß Heil und Unheil nie von anderen kommen, sondern von innen heraus.«

Besonders Liebe üben im Verhalten zu den Menschen,
jedesmal, wenn ich ungeduldig war, ein gutes Wort
finden zum Ausgleich.

»Den ihr verehret, werdet ihr schauen.«

Und abends lesen Johannes 1, 1–18.

»Du nahst dich wieder, aber nicht als Kind,
das einer Jungfrau Arm herniederträgt,
die schlichten Hirtenherzen fromm bewegt:
Du kommst gewaltig wie der Märzenwind.

Und ob viel Tausende sind taub und blind,
nicht spüren, was sich in den Lüften regt,
an ihre Türen mit dem Hammer schlägt,
was pulsend in der Erde Adern rinnt.

Du schaffst in ihr – du starbst in sie hinein –
als lautre Kraft des neuen Lebens Bringer –,
Du Auferstandener, Du Todbezwinger,

8

wen Du besuchst, dem reichst Du Brot und Wein.
Des Leibes und der Seele mächtiger Durchdringer,
begabst Du ihn mit göttlich starkem Sein.«

Es fertigbringen, jeden Tag ein Kapitel aus dem Lukas-Evangelium laut zu lesen (man muß sich die günstigste Zeit heraussuchen dafür und es möglichst täglich zur gleichen Stunde und in weihnachtlicher Umgebung tun).

»Das Licht der Herrlichkeit scheint mitten in der Nacht. Wer kann es sehn? Ein Herz, das Augen hat und wacht.«

Wenn ich in mir, in meinem gegenwärtigen oder vergangenen Leben, Augenblicke weiß, in denen ich etwas von dem Kind Gottes spürte, dann müßte ich dieses Erleben so in mir tragen wie der alte Simeon das Kind nahm, Gott preisend und ihm dankend, und es hüten wie einen Schatz.

Sich immer wieder dazu bringen, daß man das, was man sich an Arbeit (innerer und äußerer) für den Tag vornahm, auch wirklich auf die Stunde genau tut. So übt man, Ziele zu verfolgen.

Die drei Weisen aus dem Morgenlande wurden oft so dargestellt, daß sie mit wehenden Mänteln eilig daherkommen, den Blick zu dem Stern erhoben.

Man sollte täglich in der Seele diese Gebärde auch einmal vollziehen.

> »Mein Mittelpunkt hat keine Kraft.
> Nichts reißt mich mehr in mich herein.
> Von allem bin ich hingerafft
> Zu tausendfach zerstäubtem Sein.
>
> Alles, was mein Sinn erfaßt,
> Jedes Haus und jedes Tier,
> Trägt zu seiner eignen Last
> Noch ein Stück von mir.

So bin ich wohl in aller Welt,
Weil sie mich plündert und behält.
Ein windiges Gerüste ist mein Wesen,
Dadurch das räuberische Leben fährt.
Wo ist, wo ist der Besen,
Der mich zusammenkehrt?«

Wir haben immer mit Menschen zu tun und möchten
sie meist gern so haben, wie es uns gefällt.

Lassen wir jede Kritik und üben:

> »Verlange nichts von irgendwem,
> laß' jedermann sein Wesen,
> du bist von irgendwelcher Fem
> zum Richter nicht erlesen.
>
> Tu still dein Werk und gib
> der Welt allein von deinem Frieden,
> und hab' dein Sach auf nichts gestellt
> und niemanden hienieden.«

ZUR HOCHZEIT ZU KANA, JOH. 2.

Soll Christus in unser Leben hereinwirken, so müssen wir immer »frischgeschöpftes Wasser« in uns heraufholen. Das heißt, daß man immer wieder das in sich beleben muß und gegenwärtig haben, was rein und klar ist, vorgefaßte Meinungen und Kritik lassen muß, jeden Menschen, jede Situation völlig neu ansehen.

>   » ›Du mußt immerfort fließen‹,
>   sprach Gott zur Quelle
>   und zum Menschen,
>   ›sonst wird ein Sumpf daraus.‹ «

Eine Heilungsgeschichte aus dem Evangelium lesen.

Üben, alles, was mir verquer kommt, als für mich notwendig anzusehen und anzuerkennen.

Wissen: das Schicksal will mich heilen zu dem Bilde hin, das über mir steht.

»Vor jedem steht ein Bild des, was er werden soll:
Solang' er das nicht ist, ist nicht sein Friede voll.«

Sich beschäftigen mit den Gleichnissen, z.B. Matthäus im 20. Kap. – die Arbeiter im Weinberg.

Lebe und arbeite ich für mich? Man muß sich das Gefühl anerziehen, daß man ein Gesendeter ist und das Leben ein Auftrag. Dann wird vieles Nichtige ungetan bleiben. Vor dem Tode erlebt man dieses wohl immer. Man kann sich auch schon im Leben so verhalten. Der »Lohn« ist dann ein Schimmer der Erfahrung Gottes.

> »Nichts ist auf Erden verloren,
> was wir dem Leben getan.
> Darum sind wir geboren,
> Daß wir auf unserer Bahn
> Dienen dem hoffenden Leben
> Zu des Gestirnes Ruhm,
> Das uns zu Lehen gegeben,
> Doch nicht zum Eigentum.«

16

Vieles hören wir am Tage, vieles sprechen wir. Wie hören, wie und was sprechen wir?

Sich jeden Abend vor die Seele stellen, was wert war, daß es gehört und gesprochen wurde. Wie oft wiederholt man sich beim Sprechen und vergeudet Zeit damit. Auch das zu beachten ist wichtig!

»Im Wort ruht Gewalt wie im Ei die Gestalt,
  wie das Brot im Korn, wie der Klang im Horn,
  wie das Erz im Steine, wie der Rausch im Weine,
  wie das Leben im Blut, in der Wolke die Flut –
  Wie der Tod im Gift und im Pfeil, der trifft –
  Mensch! Gib du acht, eh du es sprichst,
  daß du am Worte nicht zerbrichst!«

Sich jeden Tag etwas versagen, was man gern möchte.

> »Was euch nicht angehört,
> Müsset ihr meiden,
> Was euch das Innre stört,
> Dürft ihr nicht leiden.
>
> Dringt es gewaltig ein,
> Müssen wir tüchtig sein.
> Liebe nur Liebende
> Führet herein!«

(Man kann sich den Spruch auch für die Ich-Form abwandeln: Was mir nicht angehört, das muß ich meiden ...)

In diesem Sinne lese man aus dem Lukas-Evangelium im 18.Kap. das über den reichen Jüngling Gesagte.

Die Versuchungsgeschichte vor sich hinstellen.

»Im Suchen nach Gleichgewicht ist Christus«, so sagte
Rudolf Steiner einmal.

Üben, sich zum Gleichmaß zu erziehen, sich nicht hin-
reißen lassen zu schnellen Urteilen, überschwenglicher
Begeisterung oder verhärtendem Pessimismus.

> »Mag dir dies und das geschehn,
> lerne stille darüber stehn,
> sieh dir selber schweigend zu,
> bis das wilde Herz in Ruh,
> bis, so fest, es angeblickt,
> sein gewahr wird – und erschrickt.«

Die Verklärung auf dem Berge betrachten.

»Die Verklärung ist eine vorweggenommene Aufer-
stehung zu nennen, denn beides sind Augenblicke, in
welchen Christus in seinem Eigentlichen erscheint.
Dann ist die Auferstehung ja eigentlich überhaupt nicht
mehr *nicht* zu verstehen. Denn was Verklärung, ganz
allgemein, ist, kann in seinen kleinen Verhältnissen
Aller und Jeder erfahren. Und erfährt es. Wenn anders
Verklärung der Durchbruch des Eigentlichen durchs
Schemenhafte, des Lebendigen durch die Schatten, des
Geliebten durchs Ungeliebte und die Ankunft des
Langerwarteten ist, so weiß jeder, daß solche Momente
es sind, um derentwillen wir leben. Verklärung ist
Durchschein des Urbilds.
Und das weiß auch jeder, daß nur die Liebesblicke es
sind, die die Kraft der Verklärung besitzen. Nur dem
Auge, das nicht liebt und nie geliebt hat, ist Verklärung

nie widerfahren. Und selbst wenn es sich wieder ent-
zog, was dem Liebesblick aufschien: da darf man sich
nicht irr machen lassen, daß es das Eigentliche, daß es
das Wirkliche war.«

»Wie macht ich mich von DEINEM Zauber los
und tauchte wieder nieder in die Tiefe
und stiege wieder in des Dunkels Schoß,
wenn nicht auch dort DEIN selbes Wesen riefe,
an dessen Geisterlicht ich hier mein Sein,
als wie der Schmetterling am Licht, erlabe,
doch ohne daß mir die vollkommne Gabe
zum Untergang wird und zur Todespein.

Wie könnte ich von solcher Stätte scheiden,
wo jeder letzte Glückestraum erfüllt,
verharrte nicht ein ungeheures Leiden,
sogar von diesem Himmel nur – verhüllt.

Und da mir dessen Stachel ist geblieben,
wie könnt' ich nun, als brennend von DIR gehn,
um DICH in jener Welt noch mehr zu lieben,
in der sie DICH, als Sonne, noch nicht sehn.

Von Liebe so von DIR hinabgezwungen
vom Himmel auf die Erde, weiß ich doch:
nur immer wieder von DIR selbst durchdrungen,
ertrag ich freudig solcher Sendung Joch.
DU mußtest DICH als Quell mir offenbaren,
der unaufhörlich mir Erneuung bringt.
Nun kann ich auch gleich DIR zur Hölle fahren,
da mich DEIN Himmel ewiglich verjüngt.«

»Was uns das Leiden bringen kann, ist immer mehr, als was uns das Leiden nehmen kann. Die hohe Kunst ist, sich so zum Leiden zu stellen, daß es uns den größten Segen bringt, der nur in ihm verborgen ist.«

Und sich täglich fragen, was man durch das Leid gewonnen hat oder wie man auf dem Wege ist dazu. Tod und Auferstehung atmet in solchem Bemühen.

»Meine Erfahrung hat mich gelehrt, daß der Schmerz und das, was wir im gewöhnlichen Leben ein Übel nennen, eigentlich nur ein Engel für die Menschen ist, ja der heiligste Engel, indem er den Menschen ermahnt, ihn über sich selbst erhebt oder ihm Schätze des Gemütes zeigt und darlegt, die sonst ewig in der Tiefe verborgen gewesen wären.«

Bei allem, was man innerlich versucht, kommt es nicht auf die Menge an, sondern darauf, daß man es immer und immer wieder tut. Und von dem wenigen, das doch vielleicht dabei entsteht, innerlich in die Nähe des Christus gebracht, darf man dann wissen: Er nimmt es in seine Hände, und da vermehrt es sich für viele zur Speise.

»Alles fügt sich und erfüllt sich,
  mußt es nur erwarten können
  und dem Werden deines Glückes
  Jahr und Felder reichlich gönnen.

  Bis du eines Tages jenen
  reifen Duft der Körner spürest
  und dich aufmachst und die Ernte
  in die tiefen Speicher führest.«

»Geduld, du ungeheures Wort,
   wer dich erlebt, wer dich begreift,
   erlebt hinfort, begreift hinfort
   wie Gottheit schafft, wie Gottheit reift!«

»Richtet nicht, auf daß ihr nicht gerichtet werdet ...«

Im 8. Kap. des Johannesevangeliums lesen.

»Und wenn sie böse ist, sagt nicht:
Das waren andere. Sagt nicht:
Das war ein anderes Volk. Sprecht nie:
Das ist der Feind.
Sprecht immer: Das war Ich.«

MATTHÄUS 21 – PALMSONNTAG

Sich alles vor die Seele stellen, was man nicht geschafft hat.

»Dein Liebesfeuer,
ach Herr, wie teuer
wollt ich es hegen,
wollt ich es pflegen!

Hab's nicht geheget
und nicht gepfleget,
bin tot im Herzen –
o Höllenschmerzen!«

Und auch dieses:

> »Und so hebe dich denn
> aus den Nebeln des Grams
> auf des Selbstvertrauens
> mächtigen Fittichen
> aufwärts,
> bis du dir selber
> mit all deinem Leide
> klein wirst,
> groß wirst
> über dir selber
> und all deinem Leide.«

Jeden Abend im Johannesevangelium lesen, in den Kapiteln 13–19.

»Du hebst die Hände, fluchest deinem Stern –
siehst du die angenagelten des Herrn?

Du läßt sie sinken, mutlos vor dem Bösen –
siehst du, wie sie den Christ vom Kreuze lösen?

Du faltest sie und fragst: Was soll ich tun –
siehst du den Heiland in dem Grabe ruhn?

Reg sie zu deiner Brüder Wohlergehn –
dann siehst du den Erlöser auferstehn.«

Die Berichte von der Grablegung lesen.

»Ich bin bei dir, auch wenn du dunkel schreitest,
Ich helfe dir mit dem verborgnen Rat,
Ich trage dich, wenn du am Abgrund gleitest,
Ich bin in deiner Hand die reine Tat.

Ich weiß um dich, auch wenn Ich dir verborgen,
Ich schaue dich, wenn du dir noch verhüllt,
Ich liebe in dein Herz den neuen Morgen,
Ich liebe in dich selbst dein wahres Bild.

Ich bin bei dir in neuer Geistesnähe,
Ich bin der Schmerz, den du um mich erträgst,
Ich bin Geburt in dir und bin die Wehe,
Ich bin der Mantel, den du um dich schlägst.«

Die Auferstehungsberichte der vier Evangelien lesen.
Zweifel überwinden, indem man sich sagt: wenn ich
es auch jetzt noch nicht verstehe, vielleicht verstehe ich
es später, wenn ich mich darum mühe und durch das
Leben reifer werde.

> »Mancher auf der Wanderschaft
> Kommt ans Tor auf dunklen Pfaden.
> Golden blüht der Baum der Gnaden
> Aus der Erde kühlem Saft.
>
> Wanderer, tritt still herein;
> Schmerz versteinerte die Schwelle.
> Da erglänzt in reiner Helle
> Auf dem Tische Brot und Wein.«

Wo und wann bin ich behütet worden? – Sich die
Augenblicke vor die Seele stellen, in denen es geschah.
Auch die, in denen ich hätte Hüter sein müssen. Wie
habe ich es getan? Oder habe ich es versäumt?
Nicht sofort eingreifen wollen, wenn etwas anders ist,
als man es selbst dachte. Wach beobachten, Geduld
üben.

»Der Herr ist mein Hirte
  Es wird mir nicht mangeln.
  Auf frischem Grün läßt er mich ruh'n;
  Zum Lebensstrom führt er mich hin.
  Meine Seele läßt er genesen.
  Den Weg der Wahrhaftigkeit läßt er mich wandeln
  In seines Ich-Wesens waltender Kraft.
  Ob ich auch ginge im Abgrund der finsteren
                                        Todesschatten,

Fürchte ich nimmer des Bösen Gefahr, denn Du
                              bist bei mir,
Dein Stecken und Stab sind mir Stütze und Trost.
Im Angesicht meiner Feinde deckst Du den Tisch
                              vor mich hin.
Mein Haupt salbst Du mit Öl,
Meinen Becher schenkst Du mir voll.
Ja, schenkende Güte, sie trägt mich all mein Leben,
Und im Hause des Herrn, der das Ich in mir spricht,
will auf immer ich ruhn.«

Ich – Wir

Ich muß jeden Menschen, der mir begegnet, so ansehen, daß mir bewußt ist: Jeder trägt das Gute in sich, wenn auch noch so verborgen. Daran will ich glauben. Er ist mein Bruder.

Die Worte »Vater unser« in der Seele bewegen.

»Ich habe den MENSCHEN gesehn in seiner
                                    tiefsten Gestalt,
ich kenne die Welt bis auf den Grundgehalt.

Ich weiß, daß Liebe ihr tiefster Sinn,
und daß ich da, um immer mehr zu lieben, bin.

Ich breite die Arme aus, wie ER getan,
ich möchte die ganze Welt, wie ER, umfahn.«

34

»Richte den Stein auf, und daselbst wirst du
mich finden; spalte das Holz, und ich bin dort.
Sahst du deinen Bruder, so sahst du deinen Gott.
Erst dann mögt ihr fröhlich sein, wenn ihr
euren Bruder mit den Augen der Liebe seht.«

»Ihr habt nun Traurigkeit, aber ich will euch wieder-
sehen, und euer Herz soll sich freuen, und eure Freude
soll niemand von euch nehmen« (Johannes 16).

Alle wirklichen Freuden sind Gaben der geistigen
Welt, sind Gnade. In jeder wahren Freude lebt Christus. – Die Gelegenheiten aufsuchen, wo man sich zu-
tiefst freuen kann!

»... Es wird im Johannes-Evangelium nicht in jubeln-
den Worten von Freude gesprochen. Sondern die
Freude selbst spricht. Und sie spricht so zart und ho-
heitsvoll, daß in einem einzigen solchen Satz Welt-
symphonien schlummern, für die uns erst das Ohr werden muß. Man könnte auch sagen: Da erklingt der
eigentliche Weltenton Christi. Er klingt leise und doch
weltdurchdringend. Wer ihn hört, der weiß, was

36

Freude ist. Da aber Freude, echte Freude nicht nur ein beglückendes Gefühl ist, sondern Quelle des Lebens und der Kraft, so haben wir doppelt ein Recht, ja wir haben allen Grund, auf diese Freude immer wieder zu lauschen und uns so in den Paradiesesströmen zu baden. Was sind alle Freuden, die wir auf der Erde kennen, gegenüber einem solchen Wort, wenn wir es einmal ernst zu nehmen wagen, daß einer von uns, ein Mensch, zum höchsten Wesen sprechen konnte: ›Was mein ist, das ist alles dein, und was dein ist, das ist mein.‹ Die Liebe des Vaters zum Sohne und des Sohnes zum Vater offenbart sich hier als vollendete Lebensgemeinsamkeit.

Wenn es uns gelingt, an irgendeiner kleinen Tat den Vater zum Leuchten zu bringen, dann liebt in diesem Augenblick der Vater den Sohn. Jede solche kleine Tat ist in gewissem Sinne selbst ein solcher Sohn, den Gott liebt, weil er sich in ihm spiegelt. Es leuchtet aus der Urtiefe der Verborgenheit das göttliche Leben auf und erkennt sich selbst in dieser Tat.

Wenn zum Beispiel ein Mensch einem Kind wohltut aus echter Liebe heraus, dann ist es, als ob in solcher Tat die Welt für einen Augenblick vollkommen würde. Wenn ein Mensch in voller tiefer Wahrhaftigkeit ein Wort sagt, so bricht ein Lichtschein aus den höheren Welten und erleuchtet die Stunde.«

Sich Gedanken und Empfindungen suchen, in denen man »wohnen« kann, die wert sind, daß man sie als Wohnung für die Seele erkoren hat (man kann dazu an den Schriften von Friedrich Rittelmeyer vieles lernen).

»Ich bin der Weg, die Wahrheit und das Leben« (Johannes 14).

Sich üben, so in jedem dieser und aller Christus-Worte zu wohnen, daß man wie in ihnen umhergeht, sich in ihnen niederläßt, sich erholt darin.
Wir »wohnen« oft in einer Kränkung oder in einem Irrtum – man sollte sich bessere Wohnungen suchen!
Und dann kann man selbst auch zur Wohnung werden:

> »Nun wohne DU darin,
> in diesem leeren Hause,
> aus dem der Welt Gebrause
> herausfloh und dahin.

Was ist nun noch mein Sinn, –
als daß auf eine Pause
ich einzig DEINE Klause,
mein Grund und Ursprung bin!«

Zu den Wundern unseres Menschseins auf Erden gehört die Tatsache, daß man »über sich hinauswachsen« kann. Durch Ertragen schweren Leides, durch geübte Vergebung, durch selbstlose Liebe, durch das Gebet. Da berührt der Mensch die Sphäre dessen, der verklärend im Erdensein lebt, die Sphäre des Auferstandenen. Wenn viele sich so verhalten, dann »ziehen sie den Himmel ganz nahe an die Erde heran«, wie Rilke es einmal vom Tod der Maria in Jerusalem sagte.

> »Endlich weiß ich, was ich spürte
> in der Winternacht,
> als an meine Seele rührte
> jene sanfte Macht,
> oftmals war es wie ein Ton,
> oftmals wie ein Licht,
> Botschaft von dem Sonnensohn,
> ich verstand sie nicht.

Seit ich in dem Frühling steh'
und der lichten Blüte
in das offne Auge seh',
weiß es mein Gemüte:
mit dem Geiste, mit den Sinnen,
find ich dich, o Christ,
weil du draußen, weil du drinnen
immer Liebe bist.«

Man bedenke, wie es war, als einem einmal in großer Not »ein Licht aufging« oder wie es einem durch eines Menschen oder durch Gottes Wort gebracht wurde: Dann hat man die allererste Ahnung davon, daß Geist »heilend« ist und daß eine wirklich geistige Betätigung Heilsames enthält.

> »Aus tiefer Nacht
> bin ich erwacht
> zu mir.
> Aus tiefer Nacht
> bin ich erwacht
> zu Dir.
>
> Am lichten Tag
> fühl' ich Dein Walten –
> für mich.
> Am lichten Tag
> darf ich gestalten –
> für Dich!«

Man lese Goethes »Märchen« von der grünen Schlange und der schönen Lilie, in dem es letztlich darum geht, wie sich die geistige Welt (Reich und Gestalt der Lilie) zur irdischen Welt verhält und umgekehrt.
Und man versuche, sich jeden Tag eine der vielen Gestalten mit allem, was von ihnen ausgesagt ist, vor die Seele zu stellen, so lange, bis das einzelne sich wieder zum Ganzen fügt.

»... Der Alte sah nach den Sternen und fing darauf zu reden an: Wir sind zur glücklichen Stunde beisammen, jeder verrichte sein Amt, jeder tue seine Pflicht, und ein allgemeines Glück wird die einzelnen Schmerzen in sich auflösen, wie ein allgemeines Unglück einzelne Freuden verzehrt.«

JOHANNES DER TÄUFER

Folgenden Teil aus Goethes Gedicht »Die Metamor-
phose der Pflanzen« immer wieder lesen, sich vorstel-
len und langsam lernen. Es kommt dabei auf das Wahr-
nehmen der dreifachen Entfaltung und Zusammen-
ziehung im Pflanzen-Sein an. Man hat dann das Gesetz
vor sich, das sich auch in allem seelischen Schaffen
immer wieder zeigt.

>   »... Werdend betrachte sie nun, wie nach und
>   nach sich die Pflanze,
>   Stufenweise geführt, bildet zu Blüten und Frucht.
>   Aus dem Samen entwickelt sie sich, sobald ihn
>   der Erde
>   Stille befruchtender Schoß hold in das Leben
>   entläßt
>   Und dem Reize des Lichts, des heiligen, ewig
>   bewegten,
>   Gleich den zärtesten Bau keimender Blätter
>   empfiehlt.

Einfach schlief in dem Samen die Kraft; ein
                              beginnendes Vorbild
Lag, verschlossen in sich, unter die Hülle gebeugt,
Blatt und Wurzel und Keim, nur halb geformet
                              und farblos;
Trocken erhält so der Kern ruhiges Leben
                              bewahrt,
Quillet strebend empor, sich milder Feuchte
                              vertrauend,
Und erhebt sich sogleich aus der umgebenden
                              Nacht.
Aber einfach bleibt die Gestalt der ersten
                              Erscheinung,
Und so bezeichnet sich auch unter den Pflanzen
                              das Kind.
Gleich darauf ein folgender Trieb, sich erhebend,
                              erneuet,
Knoten auf Knoten getürmt, immer das erste
                              Gebild.

Zwar nicht immer das gleiche; denn mannigfaltig
erzeugt sich,
Ausgebildet, du siehst's, immer das folgende
Blatt,
Ausgedehnter, gekerbter, getrennter in Spitzen
und Teile,
Die verwachsen vorher ruhten im untern Organ.
Und so erreicht es zuerst die höchst bestimmte
Vollendung,
Die bei manchem Geschlecht dich zum Erstaunen
bewegt.
Vielgerippt und gezackt, auf mastig strotzender
Fläche,
Scheinet die Fülle des Triebs frei und unendlich
zu sein.
Doch hier hält die Natur, mit mächtigen Händen,
die Bildung
An und lenket sie sanft in das Vollkommene hin.

Mäßiger leitet sie nun den Saft, verengt die
                              Gefäße,
Und gleich zeigt die Gestalt zärtere Wirkungen
                              an.
Stille zieht sich der Trieb der strebenden Ränder
                              zurücke,
Und die Rippe des Stiel's bildet sich völliger aus.
Blattlos aber und schnell erhebt sich der zärtere
                              Stengel,
Und ein Wundergebild zieht den Betrachtenden
                              an.
Rings im Kreise stellet sich nun, gezählet und
                              ohne
Zahl, das kleinere Blatt neben dem ähnlichen hin.
Um die Achse gedrängt, entscheidet der bergende
                              Kelch sich,
Der zur höchsten Gestalt farbige Kronen entläßt.
Also prangt die Natur in hoher, voller
                              Erscheinung,

Und sie zeiget, gereiht, Glieder an Glieder
                              gestuft.
Immer staunst du aufs neue, sobald sich am
                              Stengel die Blume
Über dem schlanken Gerüst wechselnder Blätter
                              bewegt.
Aber die Herrlichkeit wird des neuen Schaffens
                              Verkündung;
Ja, das farbige Blatt fühlet die göttliche Hand,
Und zusammen zieht es sich schnell; die zärtesten
                              Formen,
Zwiefach streben sie vor, sich zu vereinen
                              bestimmt.
Traulich stehen sie nun, die holden Paare,
                              beisammen,
Zahlreich ordnen sie sich um den geweihten
                              Altar.
Hymen schwebet herbei, und herrliche Düfte,
                              gewaltig,

Strömen süßen Geruch, alles belebend, umher.
Nun vereinzelt schwellen sogleich unzählige
Keime,
Hold in den Mutterschoß schwellender Früchte
gehüllt.
Und hier schließt die Natur den Ring der ewigen
Kräfte;
Doch ein neuer sogleich fasset den vorigen an,
Daß die Kette sich fort durch alle Zeiten verlänge
Und das Ganze belebt, so wie das Einzelne, sei.«

»So wie der winzige Same in die Erde fällt, um die
Urpflanze zu wiederholen und nicht nur zu wieder-
holen, so ist der Mensch ein Samenkorn Gottes. Die
Sonne aber, die ihn reift, ist Christus.«

In dieser Zeit sollte man sich die vier Evangelien so vornehmen, daß man die Stellen aufsucht und sich herausschreibt, was im besonderen von den Gebärden Jesu Christi (Freude, Zorn, Trauer, Mitleid usw.), seinem Schlaf und seinen Gebeten berichtet wird. Man entdeckt dann ein ganz neues, lebendiges Bild des Heilandes, und das persönliche Verhältnis zu ihm wird sich vertiefen können.

»O Christus, Du mein göttlicher Bruder,
Du mein eigenes ewiges Selbst:
Lebe Du Dein Leben in mir,
Tue Du Deinen Willen in mir,
Werde Du zum Fleische in mir.
Keinen andern Willen will ich haben
Als den Deinen,
Kein anderes Selbst als Dich.«

Man vertiefe sich in die Bergpredigt z.B., Matthäus 6.

»Sorget nicht« ... ein schweres Wort; denn wir müssen ja sorgen, um leben zu können. Man kann aber auch zuviel sorgen und sammeln!
Man sollte üben, täglich etwas zu verschenken, von dem man meint, man brauche es sehr. Ernte-Dank kann dann im Verschenken liegen!

»Herr, unser Herrscher,
   wie leuchtet von Deines Namens Glanz alle Erde,
Der Du Deine Wesens-Erstrahlung
ausgetan hast in die Himmel.
Aus dem Munde der Unmündigen und Säuglinge
hast Du eine Macht begründet
gegenüber Deinen Bedrängern,
zum Schweigen zu bringen den Feind und
                          Empörer.

Wenn ich anschaue Deine Himmel,
das Werk Deiner Hände,
Mond und Sterne, die Du begründet hast,
was ist der Mensch, daß Du sein gedenkest,
und des Menschen Sohn,
daß Du Dich seiner annimmst?
Du ließest ihm wenig fehlen an der Gottes-Würde.
Mit Offenbarungs-Licht und Hoheits-Glanz
                              kröntest Du ihn.
Du hast ihn zum Herrscher gemacht
über das Werk Deiner Hände.
Alles hast Du unter seine Füße getan.
Schafe und Rinder allzumal,
und auch die Tiere des Feldes.
Die Vögel des Himmels und die Fische des Meeres
und was seine Bahnen zieht in ozeanischen Weiten.
Herr, unser Herrscher,
wie leuchtet von Deines Namens Glanz alle Erde!«

Als Vorbereitung auf den Herbst lese man Lukas 7 – die Auferweckung des Jünglings zu Nain.

»Strebet nach dem, was oben ist, nicht nach dem Irdischen. Denn ihr seid gestorben, und euer Leben ist zusammen mit Christus in Gott verborgen; wenn aber der Christus, der unser Leben ist, zur Erscheinung kommt, dann werdet auch ihr mit ihm im Offenbarungslicht erscheinen.«

29. SEPTEMBER ODER DANACH

Kann ich mich besinnen auf Augenblicke, in denen etwas wie ein Ruf an mich ergangen ist oder ich angerührt wurde von einem Erschrecken, das nicht aus dieser Welt war? Und wie habe ich mich verhalten?

»Was hinter mir liegt, ist vergessen;
Mein ganzes Wesen greift nach dem,
was vor mir liegt.
Dem Kampfpreis, den ich erschaue,
gilt all mein Streben:
der göttlichen Berufung aus den Höhen
zur Einswerdung mit Christus.«

Der michaelische Klang wird hörbar im Gleichnis von der königlichen Hochzeit, Matthäus 22.

Man sollte das, was man sich vorgenommen hat als stilles inneres Tun oder den Weg in die Weihehandlung, nicht so leicht aufgeben, wenn äußere »Abhaltungen« kommen. Zu schnell sind wir mit Entschuldigungen vor uns und vor der Gotteswelt bereit. Man kann den Weg finden, Vorgenommenes doch durchzuführen (und mit gewissem Takt gegenüber den Mitmenschen), und die Umwelt bekommt wieder Achtung vor dem Ernst eines religiösen Lebens, das nicht nur dann gepflegt wird, wenn man nichts anderes vorhat.

Wie sollen unsere Kinder ein religiöses Leben lernen, wenn sie in Eltern und Paten keine Vorbilder haben? – Jeden Tag das Gleichnis von der königlichen Hochzeit lesen.

»... und das Sakrament
  Heilig behalten, das hält unsere Seele
  Zusammen, – das Lebenslicht,
  Das gesellige,
  Bis an unser End ...«

»Zwei Gaben hast du zu verwalten und zu verantworten: eine bestimmte Lebenszeit und eine bestimmte Lebenskraft. Willst du beides so gut wie möglich verwenden, so

> verwende nie Zeit und Kraft auf Unnötiges,
> verwende auf das Nötige nie mehr Zeit und
>   Kraft als nötig,
> verwende Zeit und Kraft gleichwohl immer aufs
>   äußerste,
> betrachte Zeit und Kraft als unendlich wertvoll,
> suche jeden Moment der Zeit mit dem höchstmöglichen Maß der Kraft zu erfüllen.«

»Die Ereignisse des Lebens sind wie ein Strom, der über uns hinweggeht. Es ist eines der großen Probleme des Lebens, mittels geschickter Transmissionen die durch die äußeren Ereignisse uns treffende Energie in innere Kraft umzusetzen, so wie es das große Problem der

Erde ist, alle Naturkräfte in Diener der menschlichen Ziele und Gedanken zu verwandeln.«

Sich immer wieder vertrauensvoll sagen, daß alles, was man in sich zu erüben versucht, allmählich zu einem Gewand wird für die Seele, das bleibt, auch wenn nach und nach im Tode alle anderen Gewänder abgelegt werden. Ein großes Glücks- und Dankgefühl stellt sich dann ein. Und so erlebt man die Wahrheit des Paulus-Wortes:

>»Darum verzagen wir nicht, und wenn auch unser äußerer Mensch zugrunde geht, unser innerer wird erneuert Tag um Tag.« (2.Korinther 4)

59

Stellen aus der Apokalypse mögen vor uns stehen, etwa
Apokalypse 1, 2, 3, in deren Licht man üben könnte,
sich täglich eine Selbstüberwindung aufzuerlegen.

> »Man sage nicht, das Schwerste sei die Tat,
> Da hilft der Mut, der Augenblick, die Regung;
> Das Schwerste dieser Welt ist der Entschluß.
> Mit eins die tausend Fäden zu zerreißen,
> An denen Zufall und Gewohnheit führt,
> Und, aus dem Kreise dunkler Fügung tretend,
> Sein eigner Schöpfer zeichnen sich sein Los.«

»Die Entschlafenen

Einen vergänglichen Tag lebt ich und wuchs
                        mit den Meinen,
Eins ums andere schon schläft mir und fliehet dahin.
Doch ihr Schlafenden wacht am Herzen mir,
                        in verwandter

Seele ruhet von euch mir das entfliehende Bild.
Und lebendiger lebt ihr dort, wo des göttlichen
Geistes
Freude die Alternden all, alle die Toten verjüngt.«

»Über allen Untergängen
weht Gottes Liebe.
In allen Engen
geht sie mit dir.

Über allen Verhängnissen
wacht deines Engels Auge.
Aus allen Bedrängnissen
sacht führt dich seine Hand.

Über allem Stummwerden und Entsagen
frägt und wägt deiner Ichheit Hüter.
In allem Wagen
trägt dich der Gottwelt Sinn.«

Verzeichnis der Gedichte und Aussprüche

© Verlag Urachhaus Stuttgart 1974
Kurt von Wistinghausen und Walter Junge
Alle Rechte vorbehalten
Druck: Chr. Scheufele, Stuttgart
ISBN 3 87838 176 x